Impressum
Verlag: BABADADA GmbH, Nedderfeld 112 , 22529 Hamburg
Geschäftsführer / Verlagsleitung: Harald Hof
Druck: Books on Demand GmbH, In de Tarpen 42, 22848 Norderstedt

Imprint
Publisher: BABADADA GmbH, Nedderfeld 112 , 22529 Hamburg, Germany
Managing Director / Publishing direction: Harald Hof
Print: Books on Demand GmbH, In de Tarpen 42, 22848 Norderstedt

教室 / បន្ទប់រៀន

除 ចែក 186/2

校園 / ទីធ្លាសាលារៀន

黑板 / ក្ដារខៀន

老師 / គ្រូបង្រៀន

書寫 / សរសេរ

紙 / ក្រដាស

筆 / ប៊ិក

辦公桌 / តុការិយាល័យ

直尺 / បន្ទាត់

書 / សៀវភៅ

學生 / កូនសិស្ស

書包
សម្ភារៀតសួបកៃ

鉛筆盒
ប្រអប់ដាក់ខ្មៅដៃ

鉛筆
ខ្មៅដៃ

削鉛筆機
ប្រដាប់ខ្វងខ្មៅដៃ

橡皮擦
ជ័រលុប

畫板
ផ្ទាំងគំនូរ

圖畫
គំនូរ

畫筆
ជក់គូរ

顏料盒
បូរអេបធ្នើលាប

剪刀
កន្ត្រៃ

膠水
ការបិទ

練習冊
សៀវភៅលំហាត់

家庭作業
កិច្ចការផ្ទះ

12

數字
លេខ

2+2

加
បូក

5-2

減
ដក

2×2

乘
គុណ

計算
គណនា

A

字母
លិខិត

ABCDEFG
HIJKLMN
OPQRSTU
VWXYZ

字母表
អក្សរក្រម

hello

字
ពាក្យ

課文
អត្ថបទ

讀
អាន

粉筆
ដីស

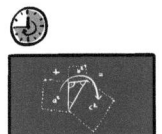

上課
មេរៀន

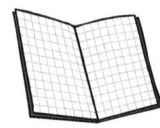

登記
ចុះឈ្មោះ

考試
ការប្រឡង

證書
វិញ្ញាបនបត្រ

校服
ឯកសណ្ឋានសាលា

教育
ការអប់រំ

百科全書
សព្វវចនាធិប្បាយ

大學
សាកលវិទ្យាល័យ

顯微鏡
មីក្រូទស្សន៍

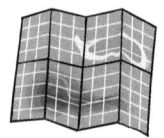

地圖
ផែនទី

廢紙簍
កន្ត្រករងាក់សំរាមក្រដាស

飯店
សណ្ឋាគារ

Grand

青年旅社
សណ្ឋាគារកុមារ

外幣兌換處
ការិយាល័យប្តូរប្រាក់

EXCHANGE

手提箱
វ៉ាលី

汽車
រថយន្ត

語言
ភាសា

是/否
បាទ / ទេ

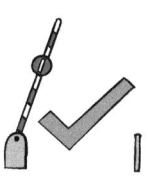

好的
យល់ព្រម

您好
សាយនុតសួស្តី!

翻譯人員
អ្នកបកប្រែ

謝謝
សូមអរគុណ

……多少錢？
ថ្លៃប៉ុន្មាន...?

我不明白
ខ្ញុំមិនយល់

問題
បញ្ហា

晚上好！
ទិវាសួស្តី!

早上好！
អរុណសួស្តី

晚安！
រាត្រីសួស្ដី!

再見
លាហើយ

方向
ទិសដៅ

行李
អីវ៉ាន់

包
កាបូប

背包
កាបូបស្ពាយក្រោយ

客人
ភ្ញៀវ

房間
បន្ទប់

睡袋
ថង់ដេក

帳篷
តង់

旅行 - ការធ្វើដំណើរ

旅行資訊
ព័ត៌មានទេសចរណ៍

海灘
ឆ្នេរ

信用卡
កាតឥណទាន

早餐
អាហារពេលព្រឹក

午餐
អាហារថ្ងៃត្រង់

晚餐
អាហារពេលល្ងាច

票
សំបុត្រ

電梯
ជណ្ដើរយន្ត

郵票
តែម

邊界
ព្រំដែន

海關
គយ

大使館
ស្ថានទូត

簽證
ទិដ្ឋាការ

護照
លិខិតឆ្លងដែន

交通運送
ការដឹកជញ្ជូន

船
កប៉ាល់

飛機
យន្តហោះ

消防車
ម៉ាស៊ីនភ្លុងភ្លើង

公車
រថយន្តក្រុង

卡車
រថយន្តដឹកទំនិញ

汽艇
កាណូត

腳踏車
កង់

汽車
រថយន្តជ

渡輪
សាឡាង

小船
ទូក

機車
ម៉ូតូ

警車
រថយន្តប៉ូលិស

賽車
រថយន្តប្រណាំង

租車
រថយន្តជួល

拼車

ការចែករំលែករថយន្ត

拖車

ឡានសុទូច

垃圾車

ឡានបុមូលសំរាម

馬達

ម៉ូតូ

汽油

បុរេងឥន្ធនៈ

加油站

ស្ថានីយបុរេង

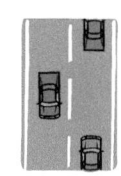

交通標識

សុលាកសញ្ញាចរាចរណ៍

交通

ការធ្វើរើចរចរណ៍

交通堵塞

កកស្ទះចរាចរណ៍

停車場

ចំណត

火車站

ស្ថានីយរថភ្លើង

軌道

ផ្លូវដែក

火車

រថភ្លើង

路面電車

រថអគ្គីសនី

客車廂

ទូរថភ្លើង

直升機

ឧទ្ធម្ភាគចក្រ

機場

ព្រលានយន្តហោះ

塔

ប៉ម

乘客

អ្នកដំណើរ

集裝箱

កុងតឺន័រ

紙板箱

ករដាសកាតុង

手推車

រទេះ

籃子

កញ្ចប់

起飛/降落

ហោះឡ្បើង / ចុះ

城市
ទីក្រុង

村莊

ភូមិ

市中心

កណ្តាលទីក្រុង

房子

ផ្ទះ

電影院
រោងភាពយន្ត

廣告
ការផ្សព្វផ្សាយ

路燈
ចង្កៀងតាមដងផ្លូវ

街道
ផ្លូវ

計程車
តាក់ស៊ី

小吃店
ហាងអាហារសម្រន់

行人
អ្នកដើរថ្មើរជើង

人行道
ចិញ្ចើមផ្លូវ

斑馬線
គន្លងឆ្លងកាត់

垃圾箱
ធុង

十字路口
ផ្លូងកាត់

紅綠燈
ភ្លើងសញ្ញាចរាចរណ៍

CINEMA

小屋
ខ្ទម

公寓
ផ្ទះល្វែង

火車站
ស្ថានីយ៍រថភ្លើង

市政廳
សាលាក្រុង

博物館
សារមន្ទីរ

學校
សាលារៀន

大學
សាកលវិទ្យាល័យ

銀行
ធនាគារ

醫院
មន្ទីរពេទ្យ

飯店
សណ្ឋាគារ

藥房
ឱសថស្ថាន

辦公室
ការិយាល័យ

書店
ហាងលក់សៀវភៅ

商店
ហាង

花店
ហាងផ្កា

超市
ផ្សារទំនើប

市場
ទីផ្សារ

百貨商店
ហាងទំនិញ

魚店
ហាងលក់ត្រី

購物中心
មជ្ឈមណ្ឌលផ្សារទំនើប

海港
កំពង់ផែ

公園
ឧទ្យាន

長凳
បង្គោល

橋
ស្ពាន

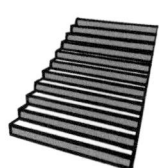

樓梯
ជណ្តើរ

捷運
ផ្លូវក្រោមដី

隧道
ផ្លូវរូងក្រោមដី

公車站
ចំណតរថយន្តក្រុង

酒吧
បារ

餐館
ភោជនីយដ្ឋាន

郵筒
ប្រអប់សំបុត្រ

路標
សញ្ញាតាមដងផ្លូវ

停車計時器
ឧបករណ៍ប្រមូលចូលចំណត

動物園
សួនសត្វ

游泳池
អាងហែលទឹក

清真寺
វិហារអ៊ីស្លាម

農場
កសិដ្ឋាន

污染
ការបំពុល

墓地
ភូមកប់ខ្មោច

教堂
ពុរះវិហារ

操場
គ្រឿងវិអិលកម្សេងឯង

寺廟
បុរសាទ

地形
ទេសភាព

樹葉
សុលឹក

指示牌
សញ្ញាប្រាប់ទិសដៅ

路
ផ្លូវ

草地
ភាលស្មៅ
ដៅ

石頭
ដុំថ្ម

徒步旅行者
អ្នកឡរេឺងភ្នំ

樹
ដើមឈ
ឺ

河
ទន្លេ

草
សុមៅ

花
ផ្កា

峽谷
ជ្រលងភ្នំ

丘陵
កូនភ្នំ

湖
បឹង

森林
ព្រៃឈើ

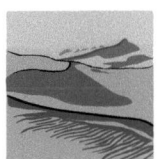

沙漠
វាលខ្សាច់

火山
ភ្នំភ្លើង

城堡
គហោគុរបី

彩虹
ឥន្ទធនូ

蘑菇
ផ្សិត

棕櫚樹
ដើមត្នោត

蚊子
មូស

蒼蠅
រុយ

螞蟻
ស្រមោច

蜜蜂
សត្វឃ្មុំ

蜘蛛
ពីងពាង

甲蟲

សត្វកញ្ចៃ

青蛙

កង្កែប

松鼠

កំប្រុក

刺蝟

សត្វកាំប៉ុរមា

野兔

ទន្សាយសុលិក

貓頭鷹

សត្វទីទុយ

鳥

បក្សី

天鵝

ហង្ស

野豬

ជ្រូក

鹿

សត្វក្តាន់

麋鹿

សត្វក្តាន់

水壩

ទំនប់

風力發電機

កង្ហារខ្យល់

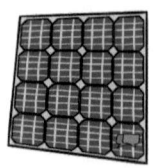

太陽能電池板

បន្ទះស្វយ្ហា

氣候

អាកាសធាតុ

餐館
ភោជនីយដ្ឋាន

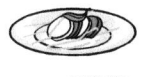

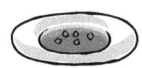

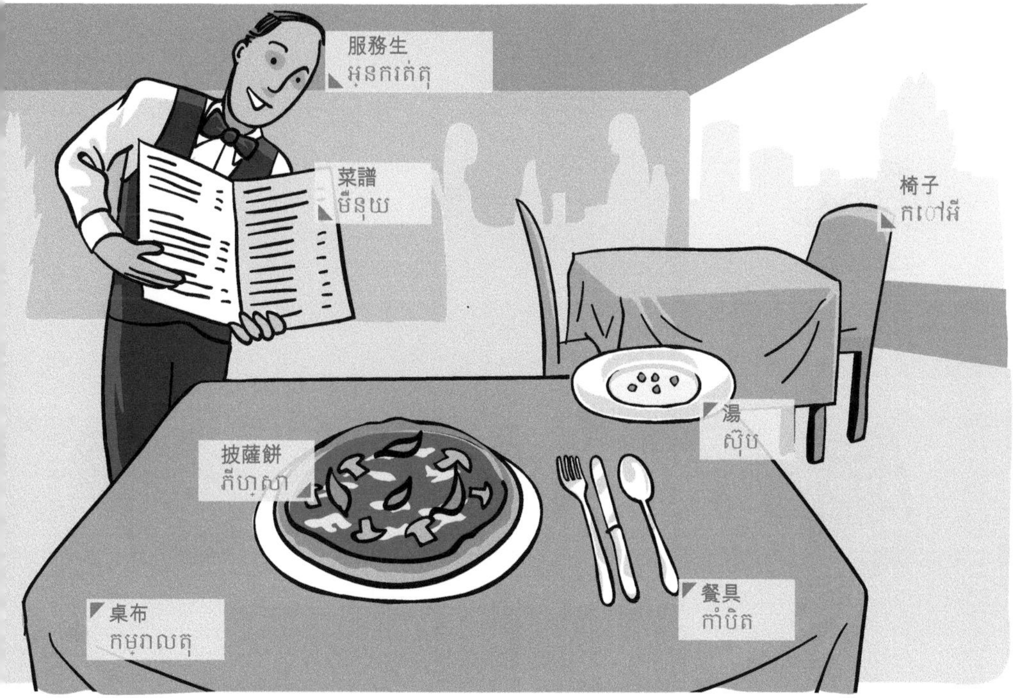

服務生
អ្នករត់តុ
菜譜
មីនុយ
椅子
កៅអី
湯
ស៊ុប
披薩餅
ភីហ្សា
餐具
កាំបិត
桌布
កម្រាលតុ

前菜

អាហារសម្រន់

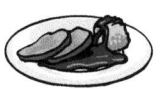

主菜

អាហារសំខាន់

甜點

បង្អែម

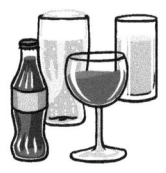

飲料

ភេសជ្ជៈ

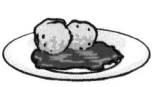

食物

អាហារ

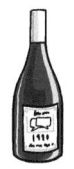

瓶子

ដប

速食
អាហារបហ័ស

街邊小吃
អាហារតាមផ្លូវ

茶壺
ប៉ាន់តែ

糖盒
ប្រអប់ស្ករ

一份飯菜
ចំណីតែ

義式咖啡機
ម៉ាស៊ីនឆុងកាហ្វេអ៊ិចស្ព្រេស្សូ

高腳椅
កៅអីខ្ពស់

帳單
វិក្កយបត្រ

托盤
ថាស

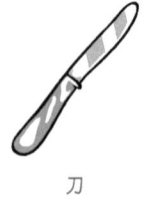

刀
កាំបិត

餐叉
សម

勺子
ស្លាបព្រា

茶匙
ស្លាបព្រាកាហ្វេ

餐巾
កន្សែងជូតខ្លួន

玻璃杯
កវែ

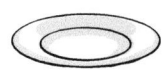

碟子
ចានទាប

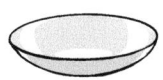

湯盤
ចានស៊ុប

碟子
ចានមូរនាប់

醬
ទឹកជ្រលក់

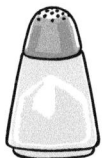

鹽瓶
ដបអំបិល

胡椒研磨罐
ប្រដាប់កិនម្រេច

醋
ទឹកខ្មេះ

食用油
ប្រេង

調味料
គ្រឿងទេស

番茄醬
ទឹកប៉េងប៉ោះ

芥末
ម៉ូតាក

美乃滋
ទឹកមយ៉ូណា

超市
ផ្សារទំនើប

特價
ការផ្តល់ជូនពិសេស
FOR
顧客
អតិថិជន
乳製品
ទឹកដោះគោ
水果
ផ្លែឈើ
購物車
រទេះរុញ

BUTCHERS

肉鋪
ហាងកាប់ជ្រូក

BAKERY

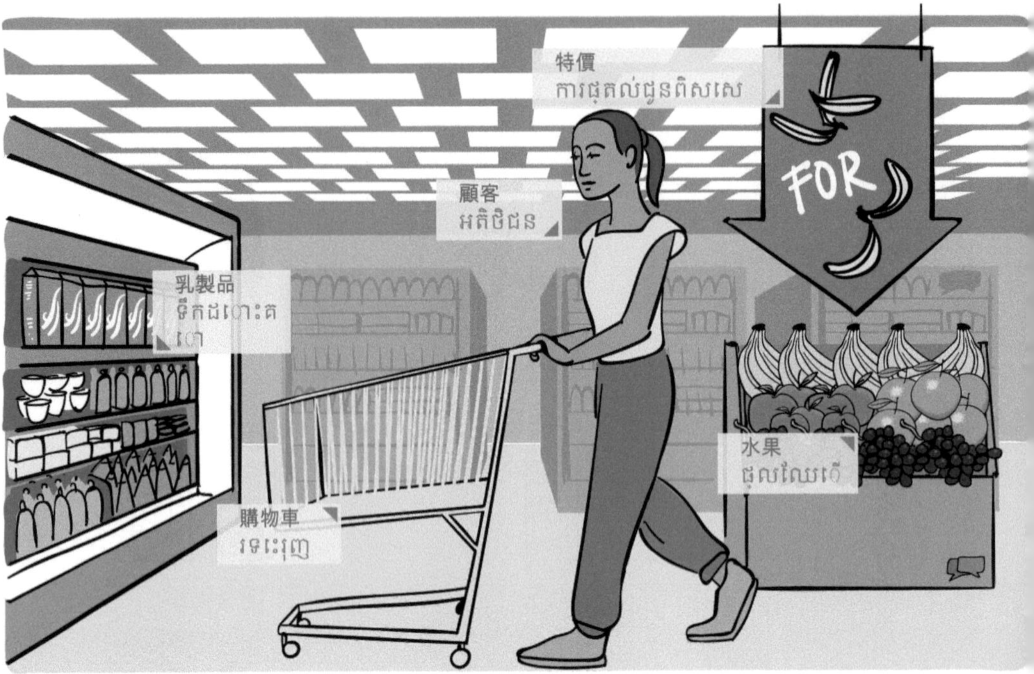

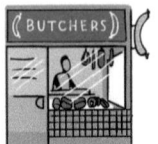

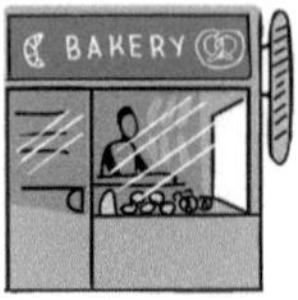

麵包店
ហាងដុតនំ

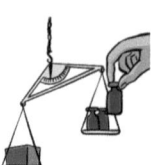

稱重
ថ្លឹង

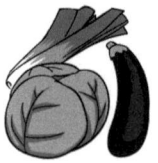

蔬菜
បន្លែ

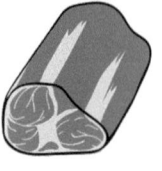

肉
សាច់

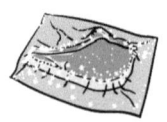

冷凍食品
អាហារក្លាស្សេ

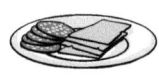

冷盤
សាច់កុលាសរ

罐頭食品
អាហារកំប៉ុង

洗衣粉
ម្សៅហៅឡាង

甜食
សុអរគុរាប់

日用品
ផលិតផលក្នុងគ្រួសារ

清潔用品
ផលិតផលសម្អាត

銷售員
អ្នកលក់

收銀機
ថតដាក់លុយ

收銀員
បេឡា

購物清單
បញ្ជីទិញទំនិញ

開放時間
ម៉ោងធ្វើការ

錢包
កាបូបលុយបុរស

信用卡
កាតឥណទាន

袋子
ថង់

塑膠袋
ថង់បុលាស្ទិច

飲料
ភេសជ្ជៈ

水
ទឹក

果汁
ទឹកផ្លែឈើ

牛奶
ទឹកដោះគោ

可樂
កូកាកូឡា

紅酒
ស្រា

啤酒
ស្រាបៀរ

酒
គ្រឿងស្រវឹង

可可
កាកាវ

茶
តែ

咖啡
កាហ្វេ

義式濃縮咖啡
កាហ្វេអ៊ិចស្ព្រេសូ

卡布奇諾
កាហ្វេកាពូឈីណូ

香蕉

ចេក

蘋果

ផ្លែប៉ោម

柳丁

ផ្លែក្រូច

西瓜

ឪឡឹក

檸檬

ក្រូចឆ្មា

胡蘿蔔

ការ៉ុត

大蒜

ខ្ទឹម

竹子

ប្រសី

洋蔥

ខ្ទឹមហាវ៉ាង

蘑菇

ផ្សិត

堅果

គ្រាប់ផ្លែឈើ

麵條

មី

義大利麵
ម៉ីអ៊ីតាលី

米飯
បាយ

沙拉
សាឡាត់

薯條
ដំឡូងចៀន

炸馬鈴薯
ដំឡូងចៀន

披薩餅
ភីហ្សា

漢堡
ប៊ឺហ្គឺ

三明治
សាំងវិច

炸豬排
សាច់ជាប់ផ្អឹងជំនី

火腿
ហាំ

義大利臘腸
សាឡាម៉ី

香腸
សាច់ក្រក

雞肉
សាច់មាន់

烤肉
អាំង

魚
ត្រី

燕麥片

អាវ៉ែនបបរ

木斯里

មុយ៉ូស្លី

玉米片

ដំឡូងចំណិត

麵粉

មុសៅ

牛角麵包

នំគួរសង់

麵包捲

នំបុ័ងមុយ៉ាងមូលតូចៗ

麵包

នំបុ័ង

吐司

អាំង

餅乾

នំប៊ីស្គីត

奶油

ប៊ឺ

凝乳

ទឹកដោះខាប់

蛋糕

នំខេក

蛋

ស៊ុត

煎蛋

ស៊ុតចៀន

起司

ឈីស

冰淇淋

ការ៉េម

糖

ស្ករ

蜂蜜

ទឹកឃ្មុំ

果醬

ជំណាប់

巧克力醬

កូរម៉ៃតាំងម៉ៃ

咖哩

ការី

食物 - អាហារ

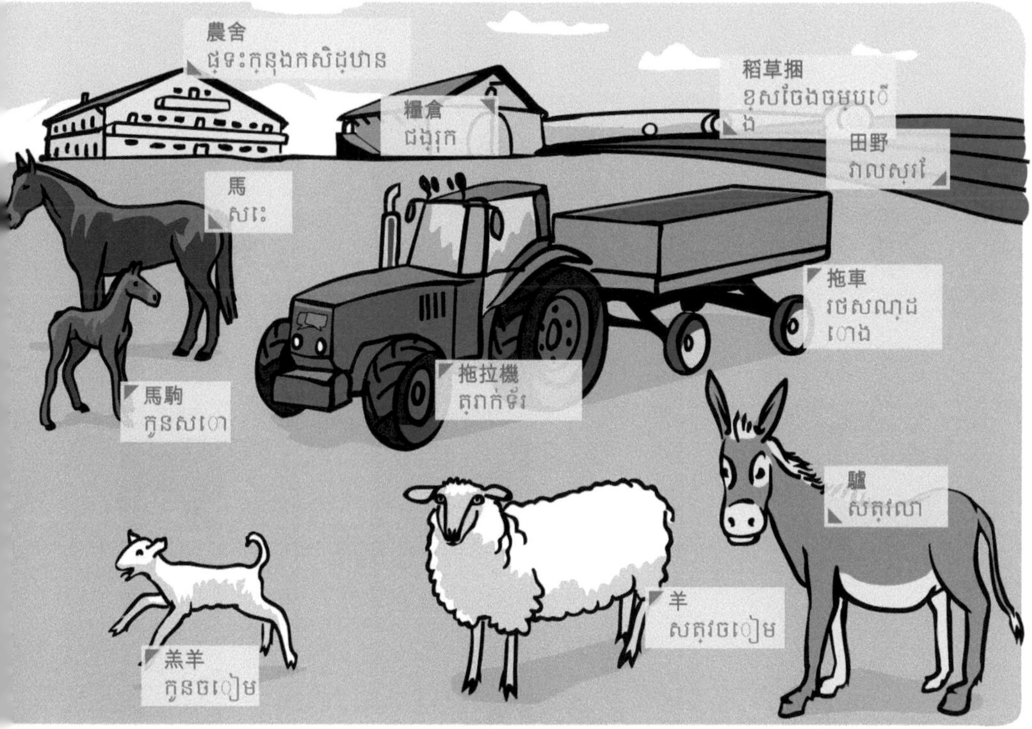

農舍
ផ្ទះក្នុងកសិដ្ឋាន

糧倉
ជង្រុក

稻草捆
ខ្សែចែងចម្បរបើ
ង់

田野
វាលស្រែ

馬
សេះ

拖車
រថសណ្ដោ
ពោង

馬駒
កូនសេះ

拖拉機
តុកតក់ទ័រ

驢
សត្វលា

羊
សត្វចៀម

羔羊
កូនចៀម

山羊
ពពែ

奶牛
គោញី

小牛
កូនគោ

豬
ជ្រូក

小豬
កូនជ្រូក

公牛
គោឈ្មោល

鵝

សត្វក្ងាន

鴨

ទា

小雞

កូនមាន់

母雞

មមាន់

公雞

មាន់ឈ្មោល

鼠

កណ្ដុរ

貓

ឆ្មា

老鼠

កណ្ដុរប្អូរមរៈ

牛

គោឈ្មោល

狗

ឆ្កែ

狗屋

ផ្ទះឆ្កែ

花園澆水軟管

ទុយោទឹក

澆水壺

ធុងស្រោចទឹក

長柄大鐮刀

ខ្ទៃបក

犁

នង្គ័ល

鐮刀
កណ្ដៀវ

鋤頭
ចបកាប់

長柄草耙
រនាស់

斧頭
ពូថៅ

獨輪手推車
រទេះរុញ

飼料槽
ស្នូក

牛奶罐
កំប៉ុងទឹកដោះគោ

麻布袋
ហារ

柵欄
របង

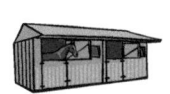
馬廄
កុរសេាល

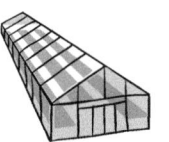
溫室
ផ្ទះកញ្ចក់

土壤
ដី

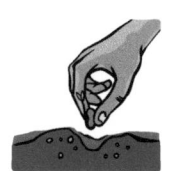
種子
គ្រាប់ពូជ

肥料
ជី

聯合收割機
ម៉ាស៊ីនបូមួលផល

農場 - កសិដ្ឋហាន

收割

បុរមួលផល

收割

ការបុរមួលផល

地瓜

ដំឡូងជ្វា

小麥

ស្រូវសាលី

大豆

សណ្ដែកសៀង

土豆

ដំឡូងជ្វា

玉米

ពោត

油菜籽

គ្រាប់បុររង៉រៃ

果樹

ដេីមឈេីហ្វបផ្លៃ

樹薯

ដំឡូងម៉ី

穀物

ចញ្ញជាតិ

煙囪
បំពង់ផ្សែងភ្លើ

屋頂
ដំបូល

落水管
ទុយបង់ហូរទឹក

窗戶
បង្អួច

車庫
ហ្គារ៉ាស់

門鈴
កណ្ដឹងទ្វារ

門
ទ្វារ

垃圾桶
ធុងសំរាម

信箱
ប្រអប់សំបុត្រ

花園
សួនច្បារ

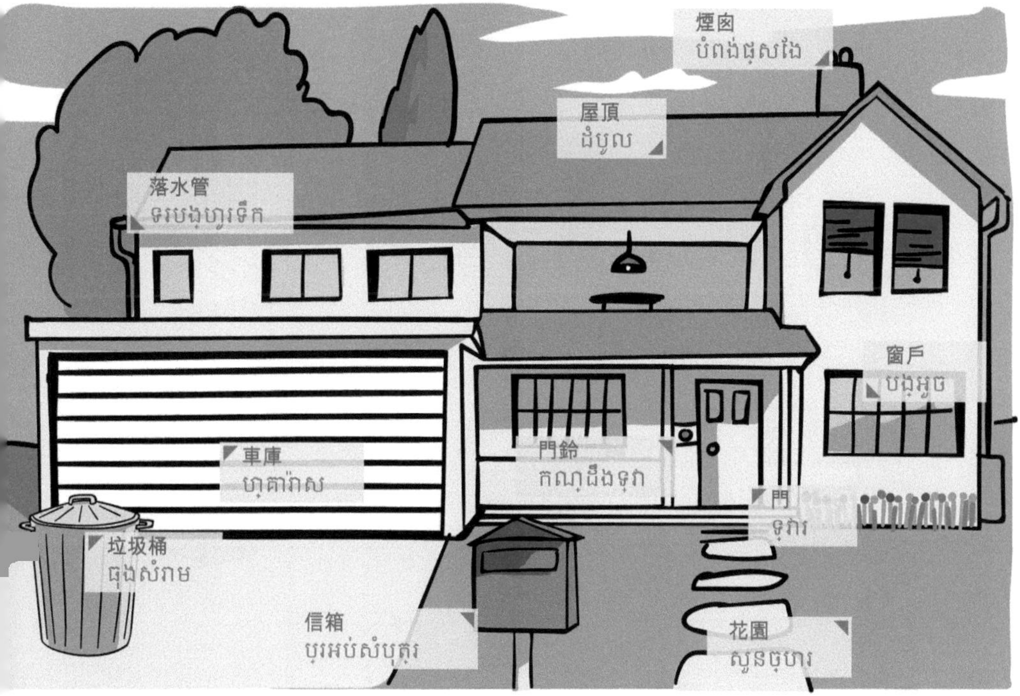

客廳
បន្ទប់ទទួលភ្ញៀវ

浴室
បន្ទប់ទឹក

廚房
ផ្ទះបាយ

臥室
បន្ទប់គេង

兒童房
បន្ទប់របស់កុមារ

餐廳
បន្ទប់ទទួលទានអាហារ

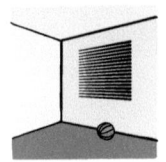

地板
....
ជាន់

牆壁
....
ជញ្ជាំង

天花板
....
ពិដាន

地窖
....
បន្ទប់ក្រោមដី

三溫暖
....
សូណា

陽臺
....
យ៉រ

露臺
....
ផ្ទៃវៃបសុមរេីនទៅជម្រាល
ភ្នំ

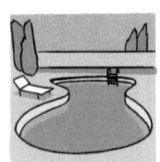

游泳池
....
អាងហាលែទឹក

割草機
....
ម៉ាស៊ីនកាត់សុមទៅ

被單
....
សន្លឹក

床罩
....
កម្រាលគ្របដែគេ

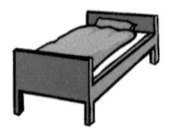

床
....
គ្រែ

掃帚
....
អំបោស

水桶
....
ធុង

開關
....
កុងតាក់

បន្ទប់ទទួលភ្ញៀវ

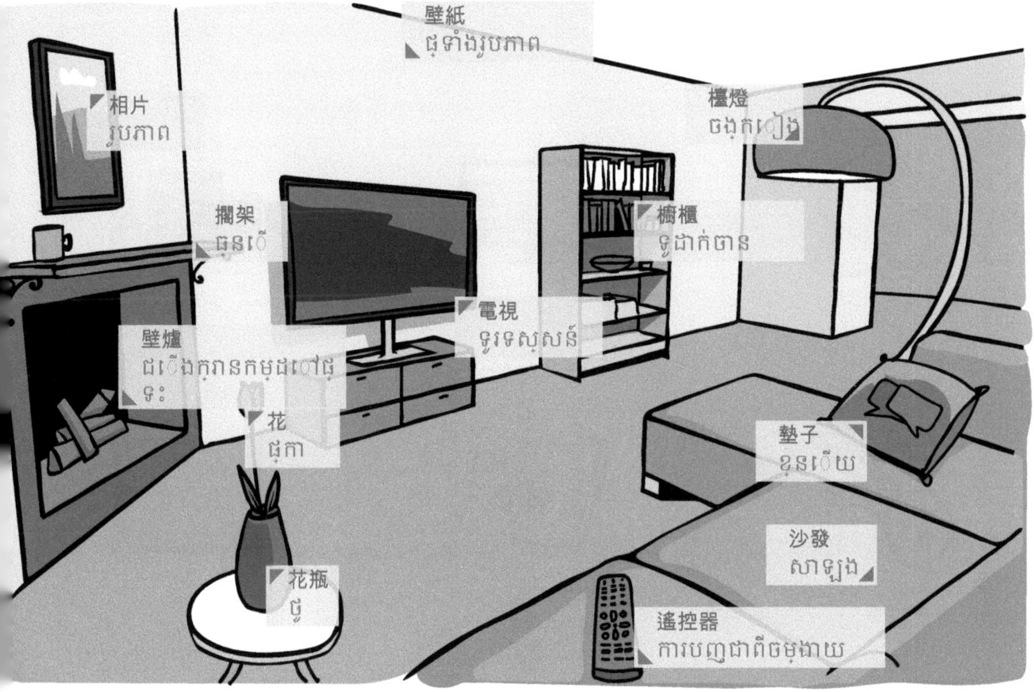

壁紙
ផ្ទាំងរូបភាព

相片
រូបភាព

檯燈
ចង្កៀង

擱架
ធ្នើរ

櫥櫃
ទូដាក់ចាន

壁爐
ជើងក្រានកម្ដៅផ្ទះ

電視
ទូរទស្សន៍

墊子
ខ្នើយ

花
ផ្កា

沙發
សាឡុង

花瓶
ថូ

遙控器
ការបញ្ជាពីចម្ងាយ

地毯
កម្រាលព្រំ

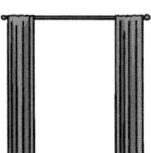

窗簾
រាំងនន

餐桌
តុ

椅子
កៅអី

搖椅
កៅអីបាំកប់បើក

扶手椅
កៅអីកុនាក់ដៃ

書
សៀវភៅ

毯子
ភួយ

裝飾品
ការតុបតែង

木柴
អុសដុត

電影
ខ្សែភាពយន្ត

高傳真音響
ឧបករណ៍ Hi-Fi

鑰匙
កូនសោ

報紙
កាសែត

油畫
គំនូរ

海報
ផ្ទាំងរូបភាព

收音機
វិទ្យុ

筆記本
ណូតផតេ

吸塵器
ម៉ាស៊ីនបូមធូលី

仙人掌
ដំបងយក្ស

蠟燭
ទៀន

廚房
ផ្ទះបាយ

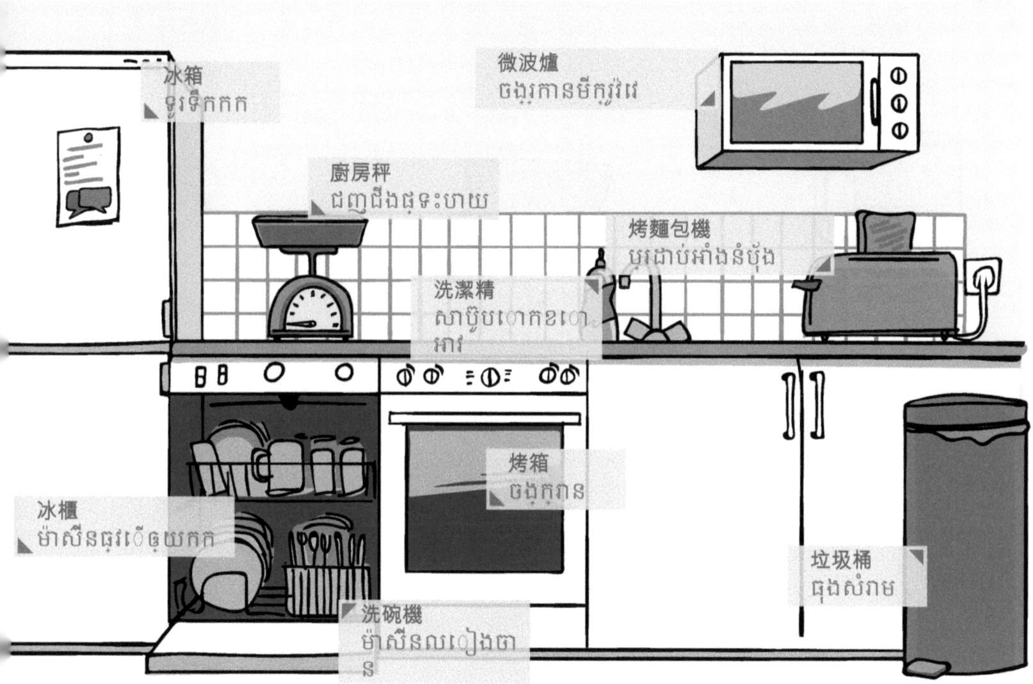
冰箱
ទូរទឹកកក
微波爐
ចង្ក្រានមីក្រូវេវ
廚房秤
ជញ្ជីងផ្ទះបាយ
烤麵包機
ប្រដាប់អាំងនំប៉ុង
洗潔精
សាប៊ូបោកខោអាវ
烤箱
ចង្ក្រាន
冰櫃
ម៉ាស៊ីនធ្វើឲ្យកក
垃圾桶
ធុងសំរាម
洗碗機
ម៉ាស៊ីនលៀងចាន

炊具

ចង្ក្រាន

鍋

ឆ្នាំង

鑄鐵鍋

ឆ្នាំងដែក

炒鍋

ខ្ទះ / ខ្ទះឥណ្ឌា

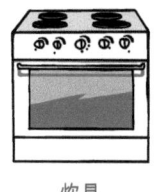

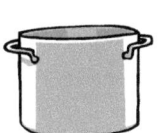

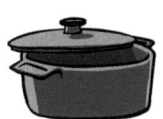

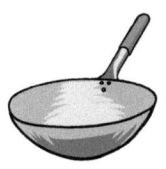

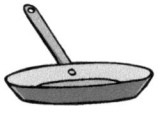

平底鍋

ខ្ទះ

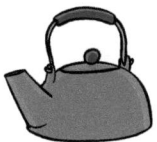

水壺

កំសៀវ

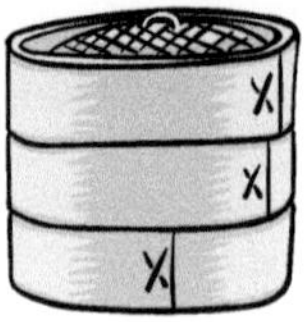

蒸鍋

ឆ្នាំងចំហុយ

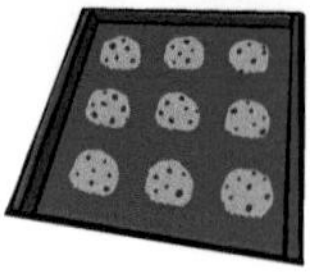

烤盤

ថាសដុតនំ

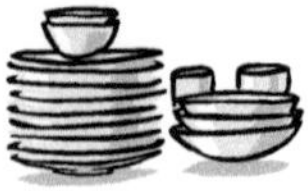

陶瓷鍋

គ្រឿងចានឆ្នាំងដី

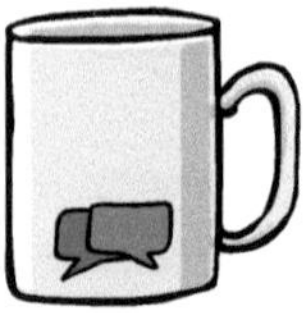

馬克杯

ថូ

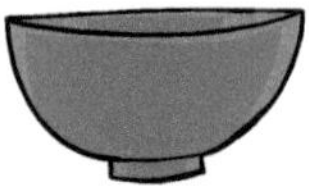

碗

ចានគោម

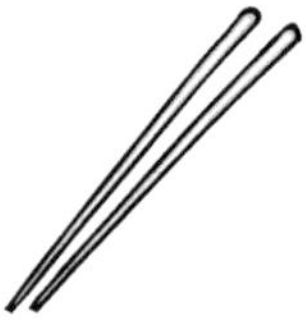

筷子

ចង្កឹះ

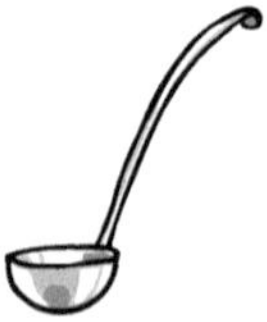

長柄勺

វែកសម្ល

鏟子

វែកកូរ

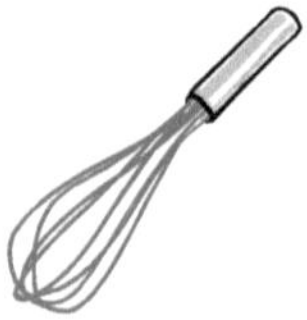

攪拌器

ប្រដាប់វាយក្រឡុក

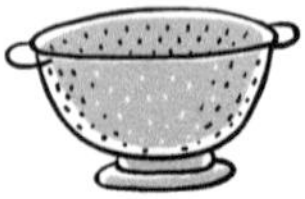

濾網

តម្រង

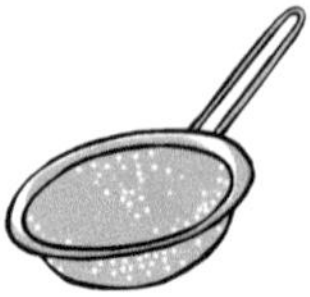

篩子

កន្ត្រង

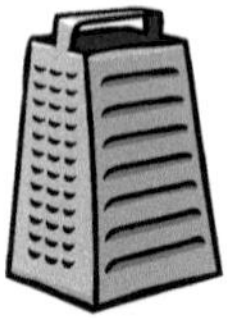

磨碎機

ប្រដាប់កោសដូង

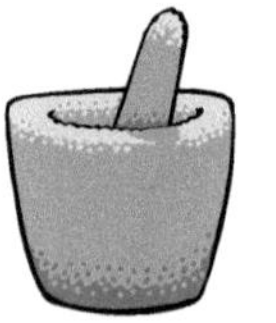

研缽

ត្បាល់

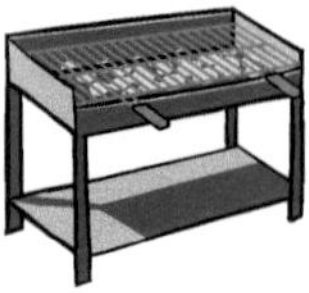

燒烤

ការអាំងសាច់

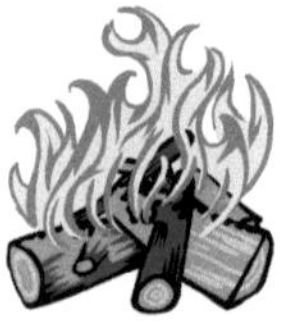

明火

ចង្ក្រានចំហ

菜板
ជម្រាញ

擀麵杖
បុរដោបកិនម្សៅ

開瓶器
បុរដោបម្សៅបេៃកឆ្នុកស្រា

罐子
កំប៉ុង

開罐器
បុរដោបបេៃកកំប៉ុង

隔熱手套
ក្រណាត់ទ្រាប់ឆ្នាំង

水槽
កន្លែងលាងចាន

刷子
ជក់

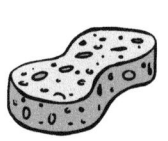

海綿
អប៉ុង

攪拌機
ម៉ាស៊ីនកូរឡ្បែក

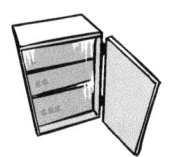

冷藏箱
ទូរទឹកកកខ្នាតតូច

奶瓶
ដបទឹកដរ៉ោៈគេៃ

水龍頭
រ៉ូប៊ីណេ

供暖裝置
កម្មដរៅ

淋浴
ផ្កាឈូក

毛巾
កន្សែង

浴簾
រាំងននងួតទឹកផ្កាឈូក

泡沫浴
ការងួតទឹកពពុះ

浴缸
អាងងួតទឹក

玻璃杯
កវ៉ែ

洗衣機
ម៉ាស៊ីនបោកគក់

水龍頭
រ៉ូប៊ីណេ

瓷磚
ក្របឡាក្របេឿង

便壺
ចានបង្គន់

水槽
កន្សែលែលណាងចាន

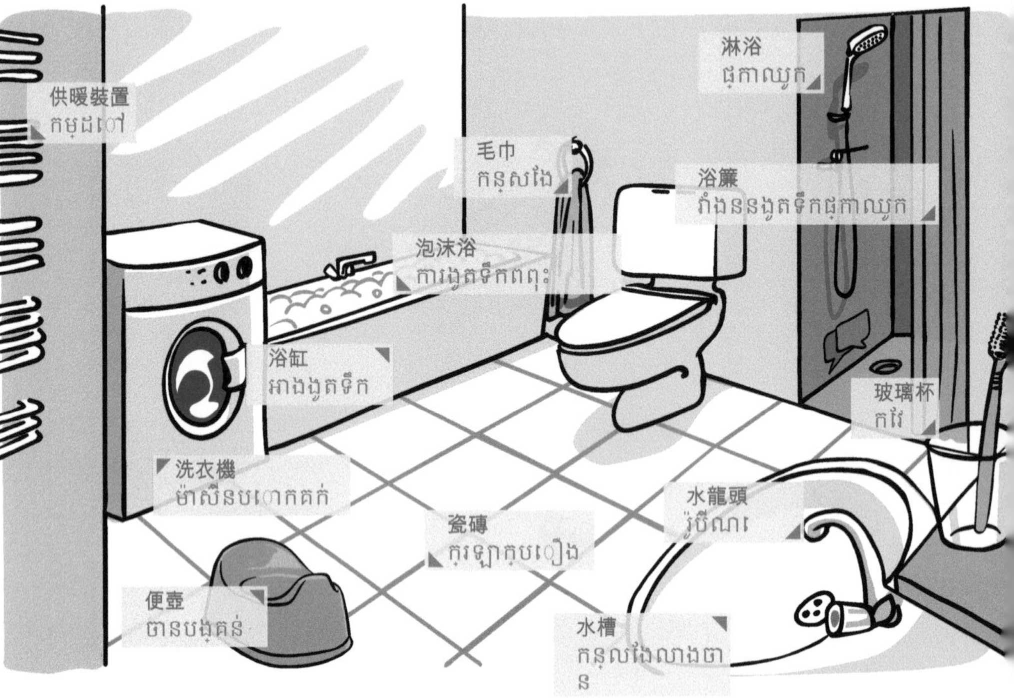

 廁所 បង្គន់	 蹲便器 បង្គន់អង្គុយ	 坐浴器 ផរ៉ែងជម្រះកាយ
 小便斗 កុលាំទឹកនរោម	 廁紙 ក្រដាសបង្គន់	 馬桶刷 ច្រាសដុសបង្គន់ន

牙刷

ច្រាសដុសធ្មេញ

牙膏

ថ្នាំដុសធ្មេញ

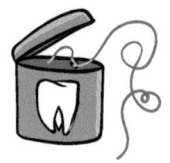

牙線

ខ្សែទាក់សម្អាតធ្មេញ

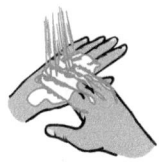

洗

លាង

手持式蓮蓬頭

បុរដាក់ដាក់ដៃផ្កាឈូក

沖洗器

ទឹកថ្នាំសម្រាប់ហាញលាង

洗臉盆

អាង

洗背刷

ច្រាសដុសខ្នង

肥皂

សាប៊ូ

沐浴露

លៃសម្រាប់ងូតទឹកផ្កាឈូ
ក

洗髮乳

សាប៊ូ

法蘭絨

សកុលាត

排水

បំពង់បង្ហូរទឹក

乳霜

ក្រមៃ

除臭劑

ថ្នាំបំបាត់ក្លិនអាក្រក់

鏡子

កញ្ចក់

手鏡

កញ្ចក់កដៃ

刮鬍刀

ប័រដាប់កកោរ

刮鬍泡沫

ហ្វូមកកោរពុកមាត់

鬍後水

ទឹកលាងក្រោយកកោរពុកម
ាត់រួច

梳子

កុរស

刷子

ជក់

吹風機

ប័រដាប់សម្ងួតសក់

噴髮定型劑

ស្ពុវាយហាញ់សក់

化妝品

ការតុបតែងមុខ

唇膏

កុរមែលាបមាត់

指甲油

ថ្នាំលាបកុរចក

化妝棉

រោមកប្បាស

指甲剪

កន្ត្រៃកោតកុរចក

香水

ទឹកអប់

洗漱包

កាប៉ូបបពោកតក់

凳子

លាមក

計重秤

ជញ្ជីងថ្លឹងទម្ងន់

浴袍

អាវពាក់ងូតទឹក

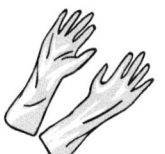

橡膠手套

ស្រោមដៃពេស្ស៊

衛生棉條

ឈ្នុក

衛生棉

កន្សែងអនាម័យ

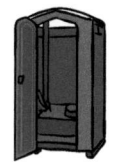

化學廁所

បង្គន់គីមី

兒童房

បន្ទប់របស់កុមារ

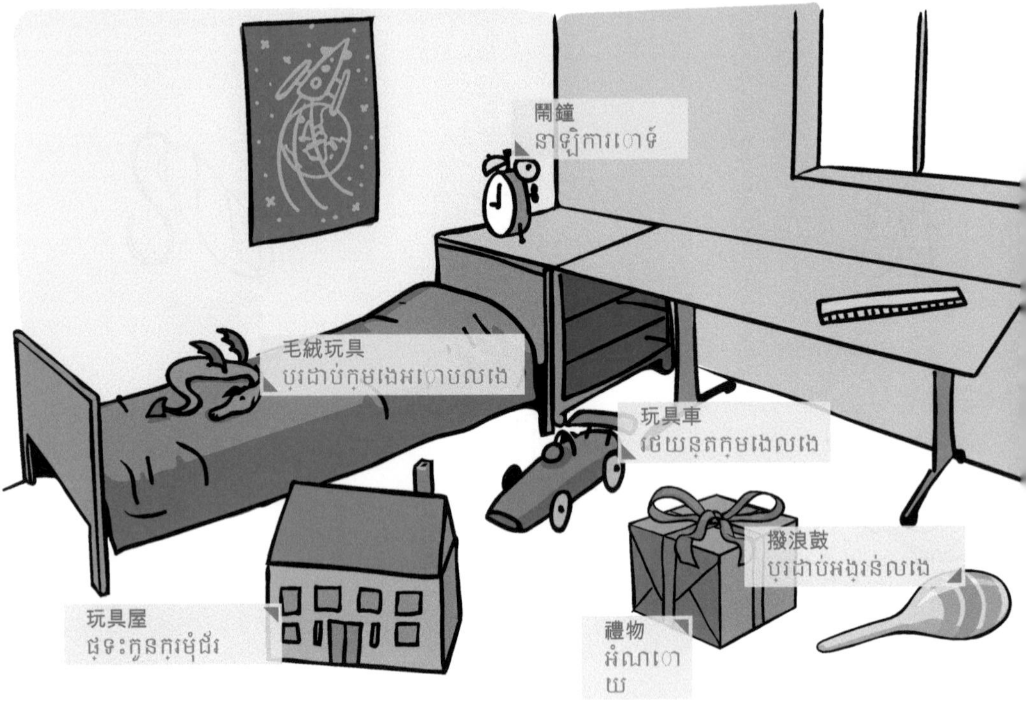

鬧鐘
នាឡិការោទ៍
毛絨玩具
ប្រដាប់ក្មេងអោបលេង
玩具車
រថយន្តក្មេងលេង
撥浪鼓
ប្រដាប់អង្រន់លេង
玩具屋
ផ្ទះកូនក្រមុំជ័រ
禮物
អំណោយ

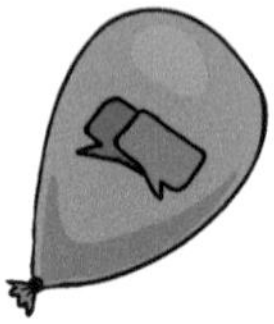

氣球

ប៉េងប៉ោង

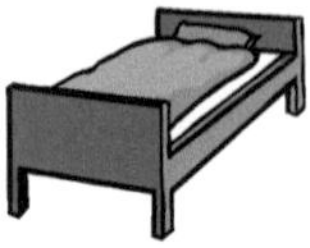

床

គ្រែ

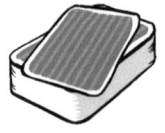

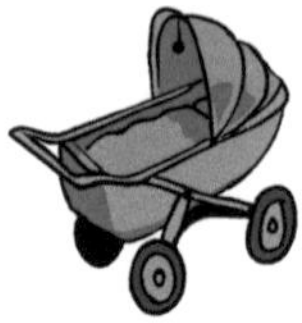

嬰兒車

រទេះរុញទារក

撲克牌

ហ្បៀ

拼圖

រូបផ្គុំ

漫畫

កំប្លែង

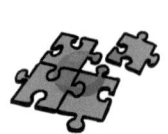

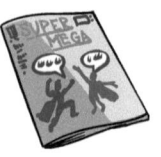

樂高積木
ពដុប Lego

積木玩具
បុលុកបុរដាប់កុមងេលង

公仔
តូលខេសកម្មភាព

嬰兒服
ខេហាវទារក

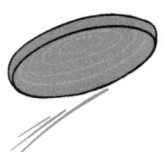

飛盤
ការគប់ចាស

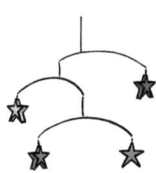

床鈴玩具
ទូរសិត្ទុទងៃ

棋盤遊戲
កុតារលេបងៃ

骰子
គុរាប់ឡូកឡាក់

火車模型
ឈុតថភ្លូលចេិងគុំ

安撫奶嘴
រូបសំណាក

派對
គណបកុស

繪本
សរៀេវភេៅេរូបភាព

球
ហាល់

洋娃娃
កូនក្រុម៉ុតុក្កតា

玩
លងៃ

沙坑

ណ្ដុងទៅខ្សាច់

鞦韆

ទោង

玩具

ប្រដាប់កុមងលេង

電玩遊戲

កុងសួលវីដអ៊ូហ្គតមេ

三輪車

គ្រីចក្រយានយន្ត

泰迪熊

តុក្កតាខូលាយម៉ុ

衣櫃

ទូខោអាវ

衣服
សម្ភរឿៀកប័ពាក់

襪子

ស្រុទោមជឿ៉ង

長襪

ស្រុទោមជឿ៉ងវែង

緊身褲

ខទោទុរនាប់នារី

圍巾
កន្សែង

雨傘
ឆត្រ

T恤
អាវយឺត

皮帶
ខ្សែក្រវាត់

靴子
ស្បែកជេីងកពរវែង

拖鞋
ស្បែកជេីងពាក់នេៅ
ទៃ:

運動鞋
ស្បែកជេីងហ៉ាតា

涼鞋
ស្បែកជេីងសង្វែក

鞋
ស្បែកជេីង

雨靴
ស្បែកជេីងករវែងកពេេស្លី

內褲
ខេទមុរនាប់បុរស

胸罩
អាវទុរនាប់

背心
អាវកោក់

身體
រាងកាយ

褲子
ខោទ្រវែង

牛仔褲
ខោខ្ពើបើយ

短裙
សំពត់

女式襯衫
អាវក្រវាត់

襯衫
អាវ

套頭衫
អាវយឺត

連帽上衣
អាវយឺត

西裝夾克
អាវធំ

夾克
អាវក្រវាត់

外套
អាវធំ

雨衣
អាវភ្លៀងៀង

套裝
គុរ្យៀងតង

連衣裙
អាវវែង

婚紗
សំលៀកបំពាក់អាពាហ៍ពិពា
ហ៍

西裝
ខោអាវឈុត

睡袍
រ៉ូបរាត្រី

睡衣
ឈុតគេង

莎麗
សារី

頭巾
កន្សែងដែលជ្រួតក្បាល

包頭巾
ផ្នួត

波卡
សូបម៉ុខ

卡夫坦
kaftan

(阿拉伯式)長袍
abaya

泳衣
ឈុតហាលែទឹក

男式泳褲
ខោហែលឈុត

短褲
ខោខ្លី

運動服
ឈុតហាត់កីឡា

圍裙
អាវអៀម

手套
ស្រោមដៃ

衣服 - សម្លៀកបំពាក់

鈕扣
ឡូវអាវ

眼鏡
វ៉ែនតា

手鏈
ខ្សដៃ

項鍊
ខ្សក

戒指
ចិញ្ចៀន

耳環
ក្រវិល

便帽
មួក

衣架
បរដាប់ពួយអាវក្រៅ

帽子
មួក

領帶
ករវាត់ក

拉鍊
រូត

安全帽
មួកសុវត្ថិភាព

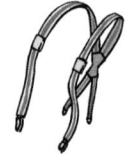

背帶
ខ្សរ

校服
ឯកសណ្ឋានសាលា

制服
ឯកសណ្ឋាន

圍兜

អៀមទារក

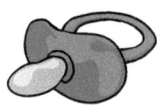

安撫奶嘴

រូបសំណាក

尿布

ខោទឹកនោម

伺服器
ម៉ាស៊ីនមេ

檔案櫃
ទូឯកសារ

印表機
ម៉ាស៊ីនបោះពុម្ព

螢幕
ម៉ូនីទ័រ

紙
ក្រដាស

辦公桌
តុការិយាល័យ

滑鼠
កណ្ដុរ

資料夾
ស៊ីមី

鍵盤
ក្ដារចុច

廢紙簍
កន្ត្រកដាក់សំរាមក្រដាស

電腦
កុំព្យូទ័រ

椅子
កៅអី

咖啡杯

កាហ្វេ

計算機

ម៉ាស៊ីនគិតលេខ

網際網路

អីនធឺណិត

辦公室 - ការិយាល័យ

筆記型電腦

កុំព្យូទ័រយួរដៃ

信件

លិខិត

簡訊

សារ

行動電話

ទូរស័ព្ទដៃ

網路

បណ្តាញ

影印機

ម៉ាស៊ីនថតចម្លង

軟體

សូហ្វវែរ

電話

ទូរស័ព្ទ

插座

រនុធដោត

傳真機

ម៉ាស៊ីនទូរសារ

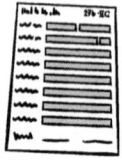

表格

ទម្រង់បែបបទ

檔案

ឯកសារ

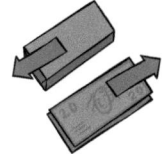

買
ទិញ

付錢
បង់ប្រាក់

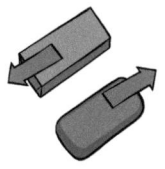

交易
ផ្លូវវ៉េជំនួញ

現金
លុយ

美元
ប្រាក់ដុល្លារ

歐元
ប្រាក់អ៊ឺរ៉ូ

日元
ប្រាក់យ៉េន

盧布
ប្រាក់រូបិល

瑞士法郎
ហ្វ្រង់ស៊ីស

人民幣
ប្រាក់យ៉ន

盧比
ប្រាក់រូពី

提款處
កន្លែងប្រេវ៉េសាថប្រាក់

外幣兌換處
ការិយាល័យបុតូរប្រាក់

金
មាស

銀
ប្រាក់

石油
ប្រេង

能源
ថាមពល

價格
តម្លៃ

合約
កិច្ចសន្យា

稅金
ពន្ធ

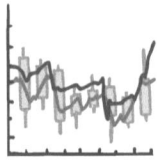

股票
ភាគហ៊ុន

工作
ធ្វើការ

職員
បុគ្គលិក

老闆
និយោជក

工廠
រោងចក្រ

商店
ហាង

經濟 - សេដ្ឋកិច្ច

職業
មុខរបរ

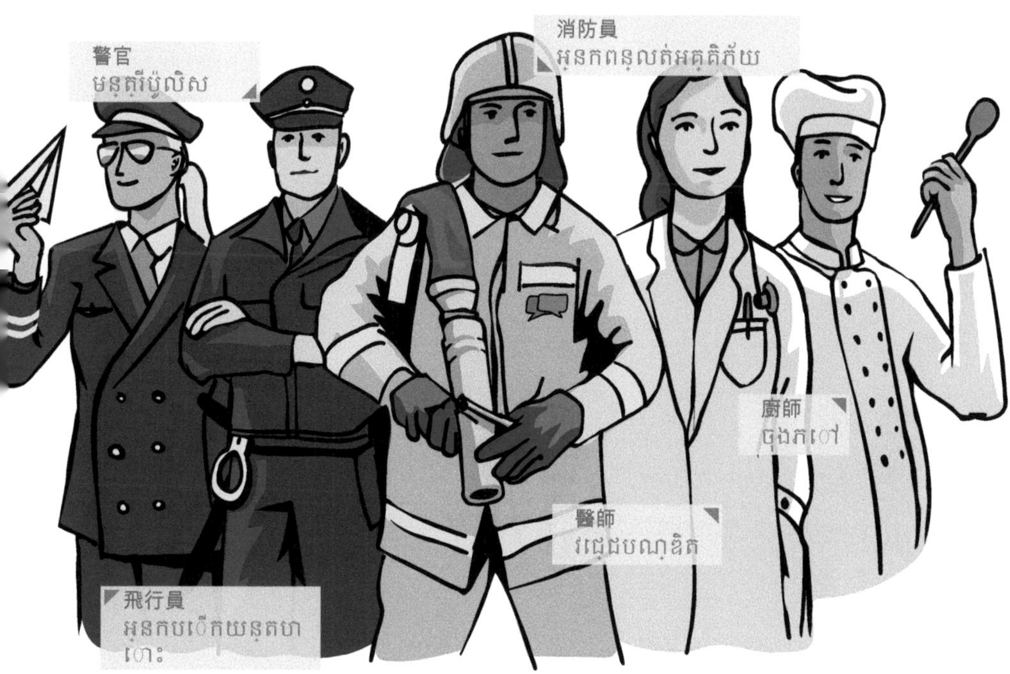

警官
មន្ត្រីប៉ូលិស
消防員
អ្នកពន្លត់អគ្គិភ័យ
廚師
ចុងភៅ
醫師
វេជ្ជបណ្ឌិត
飛行員
អ្នកបើកយន្តហោះ

園丁

អ្នកថែសួន

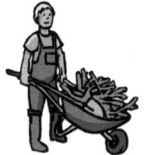

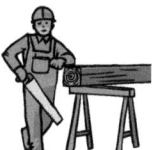

木匠

ជាងឈើ

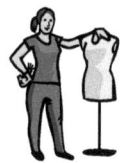

裁縫

ជាងកាត់ដេរ

法官

ចៅក្រម

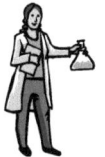

化學家

គីមីវិទូ

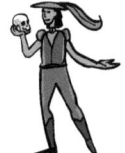

演員

តួកុន

公車司機

អ្នកបេ៉ីកឡានក្រុង

計程車司機

អ្នកបេ៉ីកតាក់ស៊ី

漁夫

អ្នកនេសាទ

清洗女工

សុត្តីអ្នកសមុអាត

屋頂工

ជាងដំបូល

服務生

អ្នករត់តុ

獵人

អ្នកបរបាញ់សត្វ

畫家

វិចិត្រករ

麵包師

អ្នកដុតនំ

電工

ជាងអគ្គិសនី

建築工人

ជាងសំណង់

工程師

វិស្វករ

屠夫

អ្នកកាប់សាច់

水管工

ជាងជួសជុលទុយ៉ោទឹក

郵差

អ្នករត់សំបុត្រ

士兵
ទាហាន

建築師
ស្ថាបត្យករ

收銀員
បង្គ្រា

花農
អ្នកលក់ផ្កា

理髮師
អ្នកកាត់សក់

售票員
អ្នកយកកលុយ

機械技師
ជាងម៉ាស៊ីន

船長
កាព៉ីទាន

牙醫
ពទ្យធ្មេញ

科學家
អ្នកវិទ្យាសាស្ត្រ

拉比
គ្រូបង្រៀនច្បាប់សញ្ជាតិ
ជើហ្វ

伊瑪目
លោកសង្ឃចាម

和尚
ព្រះសង្ឃ

牧師
បព្វជិត

鐵錘
ញញួរ

鉗子
ដង្កាប់

螺絲起子
ទូណឺវីស

扳手
ម៉ាឡ្បគេ

手電筒
ពិល

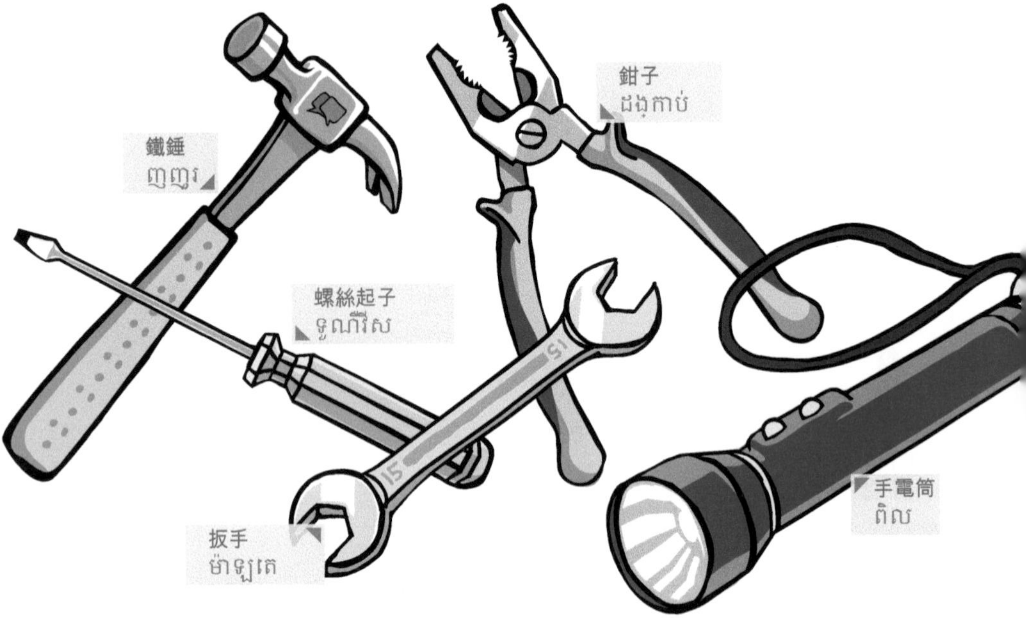

挖掘機
ម៉ាស៊ីនជីក

工具箱
ប្រអប់ឧបករណ៍

梯子
ជណ្តើតឡើរ

鋸子
រណារ

釘子
ដកែតពេល

鑽機
ប៊ុរដោប់សុវ័ន

修
ជួសជុល

鏟子
ប៉ែល

糟糕！
ចង្រៃ!

畚箕
បុរដោប់ចូកធូលី

油漆桶
ធុងថ្នាំពណ៌

螺絲
វីស

樂器
ឧបករណ៍តន្ត្រី

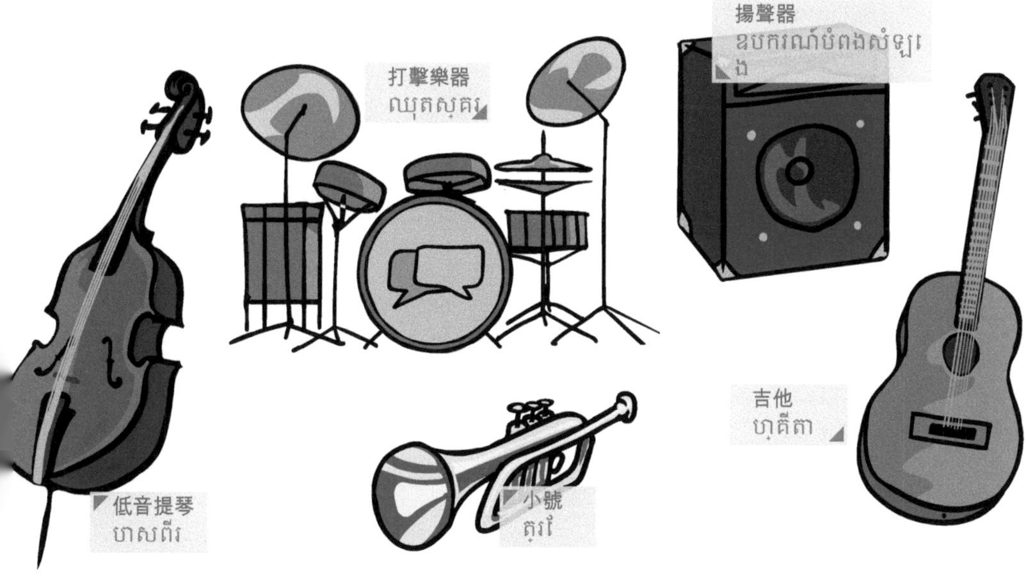

打擊樂器
ឈុតសូត្រ

揚聲器
ឧបករណ៍បំពងសំឡេង

吉他
ហ្គីតា

低音提琴
ហាសពីរ

小號
តួរ៉ែ

鋼琴

ពុយាណូ

小提琴

វីយូឡុង

貝斯

ហាស

定音鼓

ស្គរពាសសុបកែមុយ៉ាង

鼓

ស្គរ

電子琴

យ៉ីបត

薩克斯風

សាក្សូហ្វូន

長笛

ខ្លុយ

麥克風

ម៉ីក្រូហ្វូន

動物園
សួនសត្វ

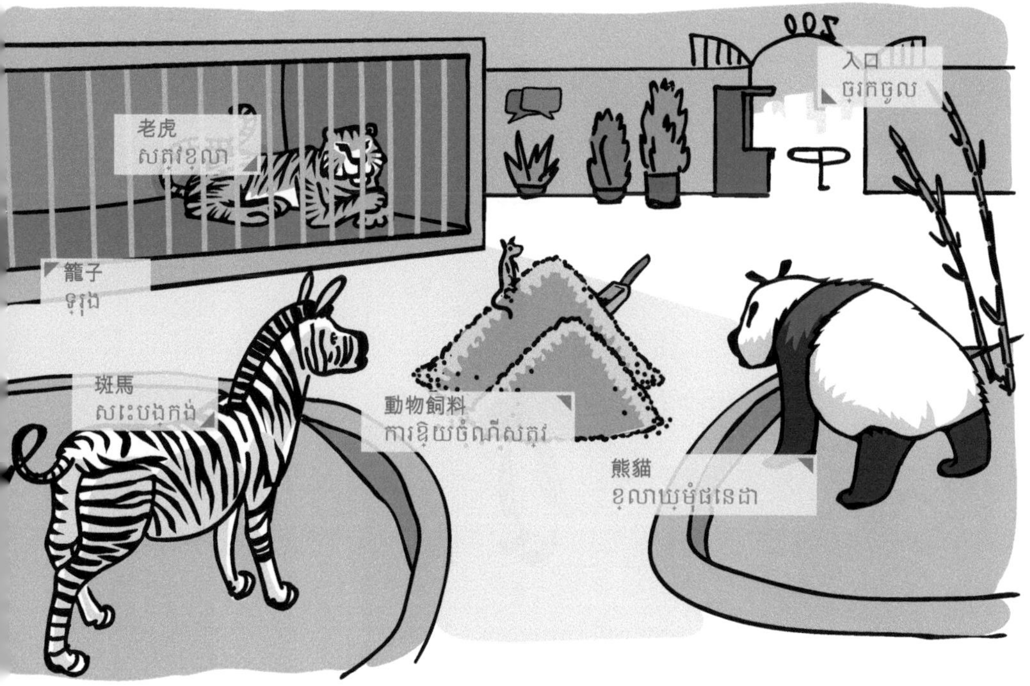

老虎
សត្វខ្លា
入口
ច្រកចូល
籠子
ទ្រុង
斑馬
សេះបង្កង់
動物飼料
ការឱ្យចំណីសត្វ
熊貓
ខ្លាឃ្មុំផេនដា

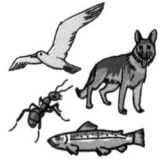

動物

សត្វ

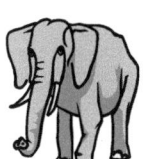

大象

សត្វដំរី

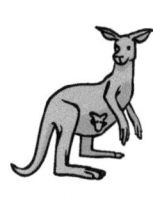

袋鼠

សត្វកង់ហ្គារូ

犀牛

សត្វរមាស

大猩猩

សត្វស្វាហ្គ័រីឡា

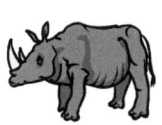

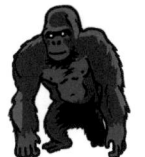

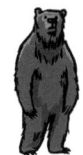

熊

ខ្លាឃ្មុំពណ៌ត្នោត

駱駝
សត្វអូដ្ឋ

鴕鳥
សត្វអូទ្រុស

獅子
សត្វតោ

猴子
ស្វា

紅鶴
សត្វក្ុររៀល

鸚鵡
សកែ

北極熊
ខ្លាឃ្មុំតំបន់ប៉ូល

企鵝
ផេនឃ្វីន

鯊魚
ត្រីឆ្លាម

孔雀
ក្ុងោក

蛇
សត្វពស់

鱷魚
ក្ុរពើ

動物園管理員
អ្នករក្សាសួនសត្វ

海豹
ឆ្មាទឹក

美洲豹
ខ្លារខិនមយ៉ាង

矮種馬

កូនសេះ

豹

ខ្លាខ្ញែន

河馬

សត្វជើរទឹក

長頸鹿

សត្វករវែង

老鷹

ឥន្ទទ្រី

野豬

ជ្រូក

魚

ត្រី

龜

អណ្តើក

海象

លហោមមច្ចា

狐狸

កញ្ជ្រូរហោង

羚羊

ក្តាន់

橄欖球
កីឡាហាល់ទាត់អាមេរិក

騎腳踏車
ការបរណាំងកង់

網球
កីឡាថេនីស

籃球
កីឡាហាល់បោះ

游泳
កីឡាហែលទឹក

冰球
កីឡាវាយកូនបាល់លើទឹក
កក

拳擊
កីឡាប្រដាល់

美式足球
កីឡាហាល់ទាត់

羽毛球
កីឡាវាយស៊ី

田徑
អត្តពលកម្ម

手球
កីឡាហាល់កាន់

滑雪
ការជិះស្គី

馬球
ប៉ូឡូ

跳 លោត

笑 សើច

擁抱 ឱប

唱 ច្រៀង

走路 ដើរ

祈禱 អធិស្ឋាន

親吻 ថើប

做夢 សុបិន្ត

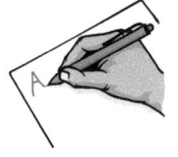

書寫
សរសេរ

畫
គូរ

展示
បង្ហាញ

推
រុញ

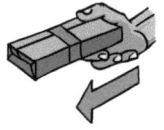

給
ឲ្យ

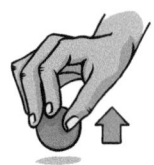

拿
យក

有
 មាន

做
ធ្វើ

當
គឺ

站
ឈរ

跑
រត់

拉
ទាញ

丟
បោះ

摔倒
ធ្លាក់

躺
កុហក

等待
រង់ចាំ

攜帶
យួរ

坐
អង្គុយ

穿衣
សួលៀកពាក់

睡覺
ដេក

醒來
ភ្ញាក់ឡ្បើង

看
 មមើល

哭
យំ

擊
គូសវាស

梳頭
សិតសក់

交談
និយាយ

明白
យល់

問
សួរ

聽
ស្ដាប់

喝
ផឹក

吃
បរិភោគ

清理
សម្អាត

愛
ស្រឡាញ់

做飯
ចម្អិន

開車
បើកបរ

飛
ហោះ

航行

ជិះទូក

計算

គណនា

讀

អាន

學習

រៀន

工作

ធ្វើការ

結婚

រៀបការ

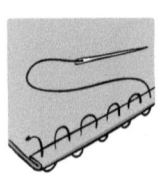

縫

ដេរ

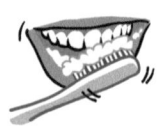

刷牙

ដុសធ្មេញ

殺

សម្លាប់

抽菸

ជក់

寄

ផ្ញើ

祖母
ជីដូន

嬰兒
ទារក

祖父
ជីតា

母親
ម្តាយ

父親
ឪពុក

女兒
កូនស្រី

兒子
កូនប្រុស

客人
ភ្ញៀវ

阿姨
មីង

叔叔
ពូ

兄弟
បងប្អូនប្រុស

姐妹
បងប្អូនស្រី

前額
ថ្ងាស

眼睛
ភ្នែក

臉
មុខ

下巴
ចង្កា

乳房
សុដន់

手指
ម្រាមដៃ

手
ដៃ

手臂
ដៃ

肩膀
ស្មា

腿
ជើង

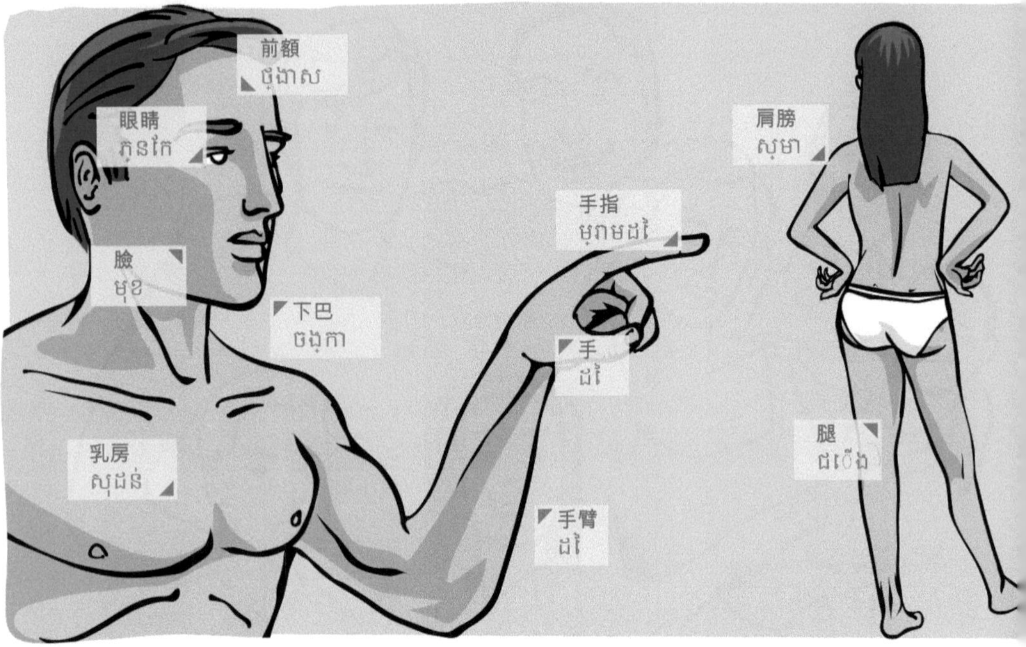

嬰兒
ទារក

男人
បុរស

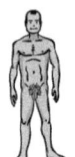

女人
ស្ត្រី

女孩
កុមារីស្រី

男孩
កុមារបុរស

頭
កុមាល

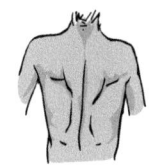

背部

ខ្នង

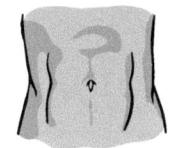

肚子

ពោះ

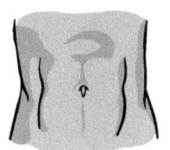

肚臍

ផ្ចិត

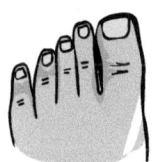

腳趾

ម្រាមជើង

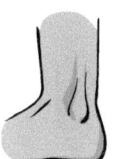

腳後跟

កែងជើង

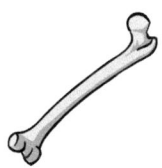

骨頭

ឆ្អឹង

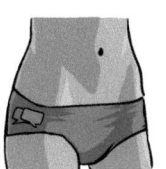

臀部

គូទគោក

膝蓋

ជង្គង់

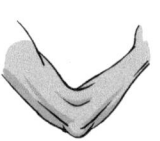

手肘

កែងដៃ

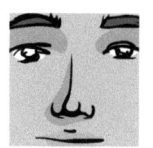

鼻子

ច្រមុះ

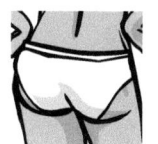

屁股

គូទ

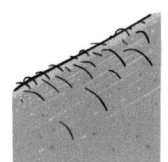

皮膚

ស្បែក

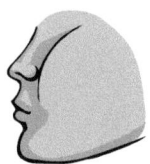

臉頰

ថ្ពាល់

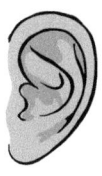

耳朵

ត្រចៀក

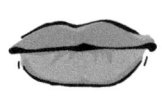

嘴唇

បបូរមាត់

嘴
ម៉ាត់

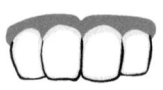

牙齒
ធ្មេញ

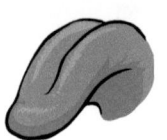

舌頭
អណ្ដាត

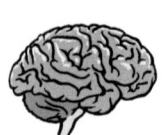

腦
ខួរក្បាល

心臟
បេះដូង

肌肉
សាច់ដុំ

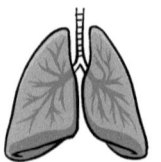

肺
សួត

肝臟
ថ្លើម

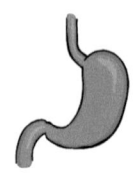

胃
ក្រពះ

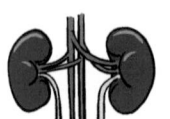

腎臟
តម្រងនោម

性交
ការរួមភេទ

保險套
ស្រោមអនាម័យ

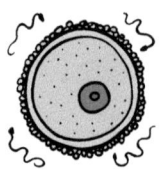

卵子
អូវុល

精子
ទឹកកាម

懷孕
ការមានផ្ទៃពោះ

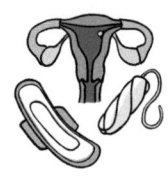

月事
....
មករដូវ

陰道
....
ទ្វារមាស

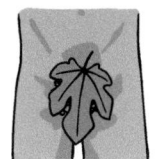

陰莖
....
លិង្គ

眉毛
....
ចិញ្ចើម

頭髮
....
សក់

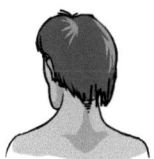

脖子
....
ក

醫院
មន្ទីរពេទ្យ

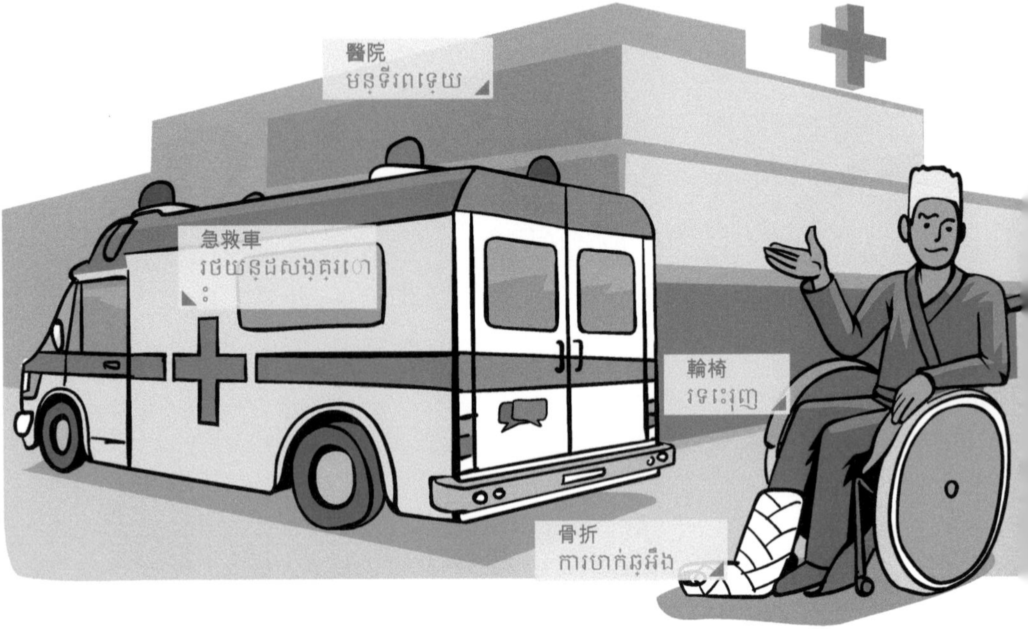

醫院
មន្ទីរពេទ្យ
急救車
រថយន្ដសង្គ្រោះ
輪椅
រទេះរុញ
骨折
ការបាក់ឆ្អឹង

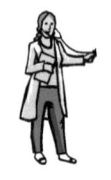

醫師

វេជ្ជបណ្ឌិត

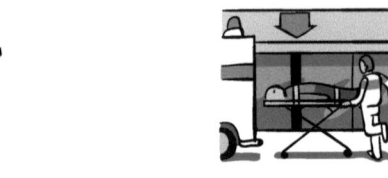

急診室

បន្ទប់សង្គ្រោះបន្ទាន់

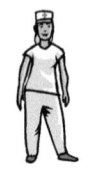

護理師

គិលានុបដ្ឋាយិកា

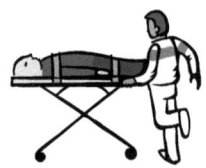

緊急情形

សង្គ្រោះបន្ទាន់

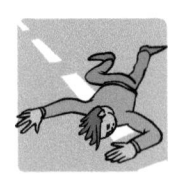

昏迷

សន្លប់

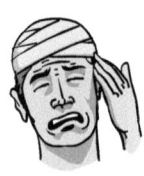

痛

ការឈឺចាប់

受傷

ការរងរបួស

出血

ការហូរឈាម

心臟病發作

គាំងបេះដូង

中風

មុឌិដាច់សរសៃឈាមក្នុង
ក្បាល

過敏

អាលែកហ្សី

咳嗽

ក្អក

發燒

ជំងឺគ្រុន

流感

ជំងឺផ្តាសាយ

腹瀉

ជំងឺរាគរូស

頭痛

ឈឺក្បាល

癌症

ជំងឺមហារីក

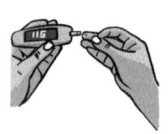

糖尿病

ជំងឺទឹកនោមផ្អែម

外科醫師

គ្រូពេទ្យវះកាត់

手術刀

កាំបិតវះកាត់

手術

បុរតិបត្តិការ

電腦斷層掃描
CT

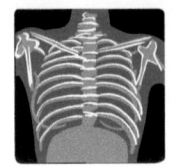

X光
កាំស្មើអិច

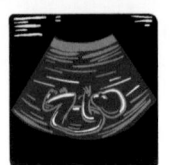

超音波
អេកូ

口罩
ហ្វេងមុខ

疾病
ជំងឺ

候診室
រង់ចាំបន្ទប់

拐杖
ឈើច្រត់

石膏
មួនាងសិលា

繃帶
បង់រុំ

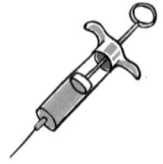

注射
ការចាក់ថ្នាំ

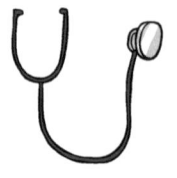

聽診器
ស្តូដស្គុ

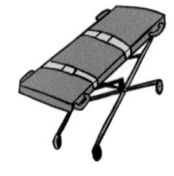

擔架
សុនដែរបួស

體溫計
ទម្មើម៉ែត្រពេទ្យយាបាល

出生
កំណើត

超重
លើសទម្ងន់

助聽器

ឧបករណ៍ជំនួយការស្តាប់

消毒液

សារធាតុសម្លាប់មេរោគ

感染

ការឆ្លងមេរោគ

病毒

មេរោគ

愛滋病

មេរោគអេដស៍ / ជំងឺអេដស៍

藥物

ថ្នាំពេទ្យ

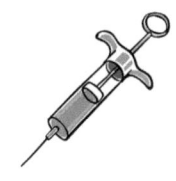

接種疫苗

ការចាក់ថ្នាំបង្ការ

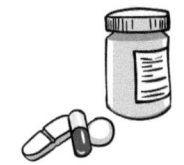

藥片

ថ្នាំគ្រាប់

藥丸

ថ្នាំគ្រាប់

急救電話

ការហៅពេលេអាសន្ន

血壓計

ឧបករណ៍ពិនិត្យសម្ពាធ
ឈាម

生病/健康

ឈឺ / មានសុខភាពល្អ

救命！
ជំនួយ!

突擊
ការវាយលុក

攻擊
ការវាយបុរោម

危險
គ្រោះថ្នាក់

緊急出口
ច្រកចេញគ្រោះអាសន្ន

失火了！
អគ្គីភ័យ!

滅火器
បំពង់ពន្លត់អគ្គិភ័យ

意外
គ្រោះថ្នាក់

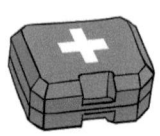

急救箱
ឧបករណ៍ជំនួយបឋម

呼救訊號
SOS

員警
ប៉ូលិស

歐洲

អឺរុប

北美洲

អាមេរិកខាងជើង

南美洲

អាមេរិកខាងត្បូង

非洲

អាហ្វ្រិក

亞洲

អាស៊ី

澳洲

អូស្ត្រាលី

大西洋

អាត្លង់ទិច

太平洋

ប៉ាស៊ីហ្វិក

印度洋

មហាសមុទ្រឥណ្ឌា

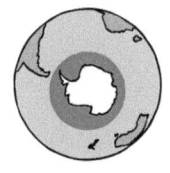

南冰洋

មហាសមុទ្រអង់តាក់ទិច

北冰洋

មហាសមុទ្រអាកទិច

北極

ប៉ូលខាងជើង

南極
ប៉ូលខាងត្បូង

南極洲
អង់តាកទិក

地球
ផែនដី

陸地
ដីគោក

海
សមុទ្រ

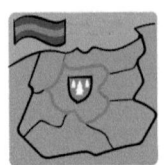

島
កោះ

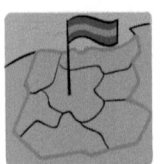

國家
បុរទេសជាតិ

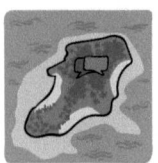

州
រដ្ឋ

錶盤
មុខនាឡិកា

時針
ទ្រនិចម៉ោង

分針
ទ្រនិចនាទី

秒針
ទ្រនិចវិនាទី

現在幾點？
ម៉ោងប៉ុន្មាន?

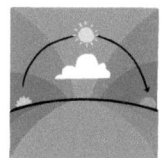

天
ថ្ងៃ

時間
ពេលវេលា

現在
ឥឡូវនេះ

電子錶
នាឡិកាឌីជីថល

分
នាទី

時
ម៉ោង

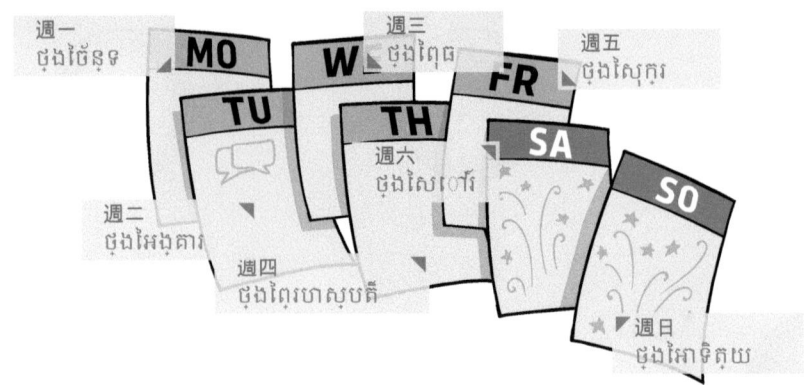

週一
ថ្ងៃច័ន្ទ

週二
ថ្ងៃអង្គារ

週三
ថ្ងៃពុធ

週四
ថ្ងៃព្រហស្បតិ៍

週五
ថ្ងៃសុក្រ

週六
ថ្ងៃសៅរ៍

週日
ថ្ងៃអាទិត្យ

昨天
ម្សិលមិញ

今天
ថ្ងៃនេះ

明天
ថ្ងៃស្អែកកៃ

早晨
ព្រឹក

中午
ថ្ងៃត្រង់

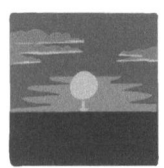

晚上
ល្ងាច

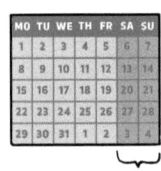

工作日
ថ្ងៃធ្វើការ

週末
ចុងសប្តាហ៍

年
ឆ្នាំ

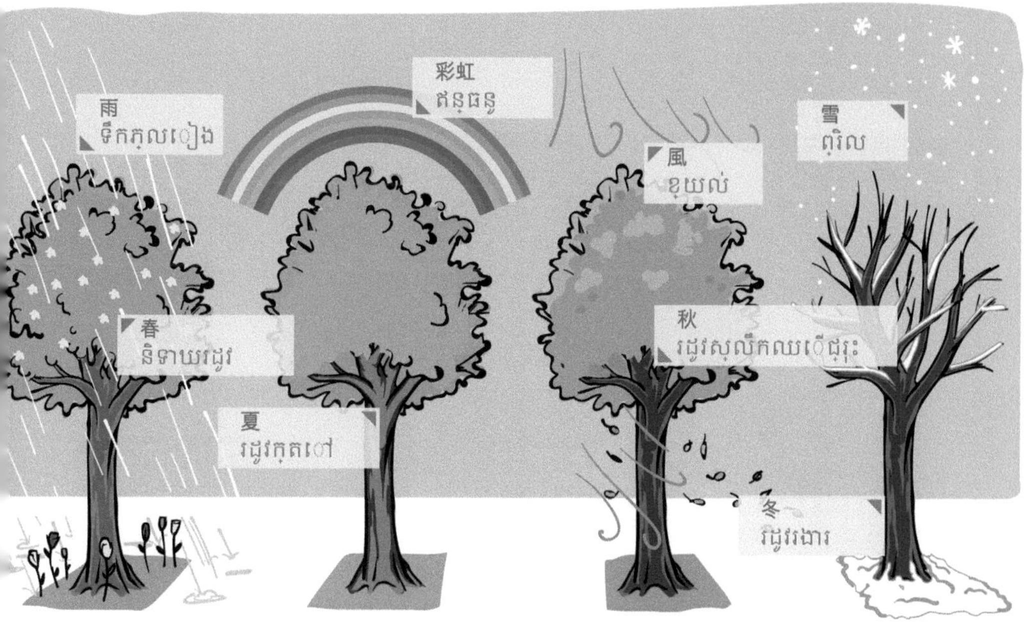

雨
ទឹកភ្លៀង
彩虹
ឥន្ទធនូ
風
ខ្យល់
雪
ព្រិល
春
និទាឃរដូវ
夏
រដូវក្ដៅ
秋
រដូវស្លឹកឈើជ្រុះ
冬
រដូវរងា

4.APRIL 11°
5.APRIL 4°
6.APRIL 13°
7.APRIL 8°
8.APRIL 10°

天氣預告

ារព្យាករណ៍អាកាសធាតុ

F C
120 90 60 30 0 -30
40 30 20 10 0 -10 -20

溫度計

ទែម៉ូម៉ែត្រ

陽光

ពន្លឺថ្ងៃ

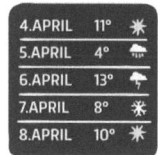

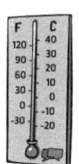

雲

ពពក

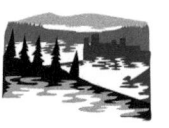

霧

អ័ព្ទ

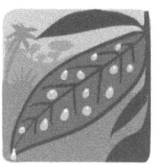

潮濕

សំណើម

閃電

ផ្លេកបន្ទោរ

打雷

ផ្គរ

風暴

ព្យុះ

冰雹

ព្រិល

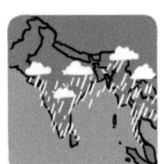

季風

ខ្យល់មូសុង

洪水

ទឹកជំនន់

冰

ទឹកកក

一月

ខែមករា

二月

ខែកុម្ភ:

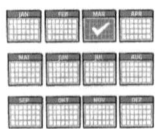

三月

ខែមីនា

四月

ខែមេសា

五月

ខែឧសភា

六月

ខែមិថុនា

七月

ខែកក្កដា

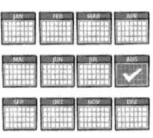

八月

ខែសីហា

年 - ឆ្នាំ

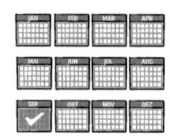

九月

ខែកញ្ញា

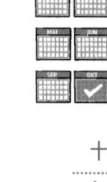

十月

ខែតុលា

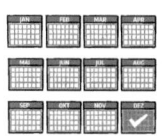

十一月

ខែវិច្ឆិកា

十二月

ខែធ្នូ

形狀
រាង

圓形

រង្វង់

正方形

ការ៉េ

長方形

ចតុកោណកែង

三角形

ត្រីកោណ

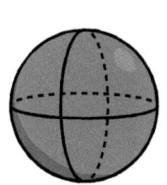

球體

ស្វ៊ែរ

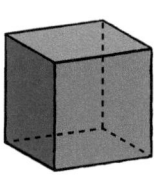

立方體

គូប

白

ពណ៌ស

黃

ពណ៌លឿង

橙

ពណ៌ទឹកក្រូច

粉

ពណ៌ផ្កាឈូក

紅

ពណ៌ក្រហម

紫

ពណ៌ស្វាយ

藍

ពណ៌ខៀវ

綠

ពណ៌បៃតង

棕

ពណ៌ទឹកក្រូច

灰

ពណ៌ប្រផេះ

黑

ពណ៌ខ្មៅ

很多/少許

ច្រើន / តិចតួច

生氣/平靜

ខឹង / តូរជាក់ចិត្ត

美/醜

សុរស់សុអាត / អាក្រក់

首/尾

ចាប់ផ្ដូតើម / បញ្ចប់

大/小

ធំ / តូច

明/暗

ភ្លឺ / ងងឹត

兄弟/姐妹

ងបុអូនបុរស / បងបុអូនស្ត្រី

乾淨/骯髒

សុអាត / កខ្វក់

完整/缺失

ពេញលេញ / មិនពេញលេញ

白天/晚上

ថ្ងៃ / យប់

死/生

ស្លាប់ / នៅរស់

寬/窄

ធំទូលាយ / តូចចង្អៀត

可食用/非食用

អាចបរិភោគទទួលបាន /
មិនអាចបរិភោគទទួលបាន

邪惡/善良

ចិត្តអាក្រក់ / ចិត្តល្អ

興奮/無聊

ការរំភើប / អផ្សុក

胖/瘦

ធាត់ / ស្គម

第一/最後

ដំបូង / ចុងក្រោយ

朋友/敵人

មិត្តភក្តិ / សត្រូវ

滿/空

ពេញ / ទទេ

硬/軟

រឹង / ទន់

重/輕

ធ្ងន់ / ស្រាល

餓/渴

ភាពអត់ឃ្លាន /
ការស្រេកឃ្លាន

生病/健康

ឈឺ / មានសុខភាពល្អ

非法/合法

ខុសច្បាប់ / ត្រូវច្បាប់

聰明/愚笨

ឆ្លាតវៃ / ឆ្កួត

左/右

ឆ្វេង / ស្តាំ

近/遠

ជិត / ឆ្ងាយ

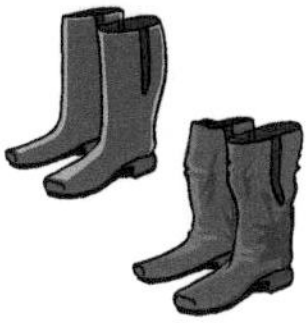

新/舊
ថ្មី / បានប្រើ

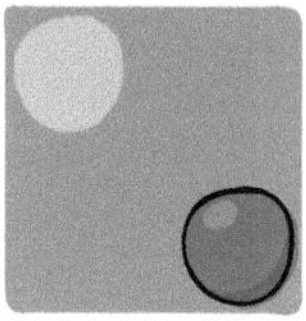

沒有/有些
គ្មានអ្វីសោះ / អ្វីមួយ

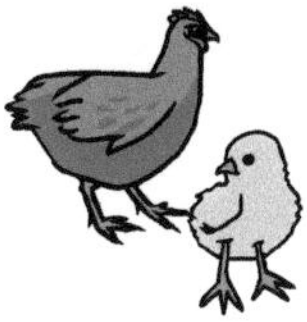

老/幼
ចាស់ / ក្មេង

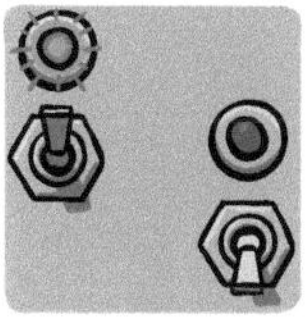

開/關
បើក / បិទ

打開/闔上
បើក / បិទ

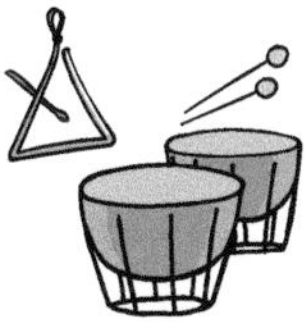

安靜/吵鬧
ស្ងប់ស្ងាត់ / ឮខ្លាំង

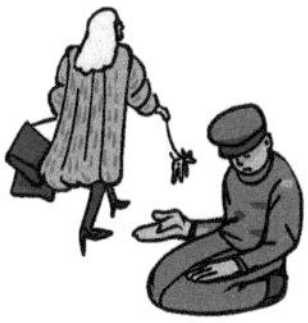

富/窮
មាន / ក្រ

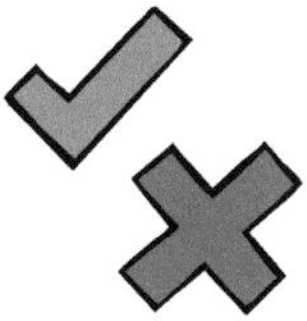

對/錯
ត្រូវ / ខុស

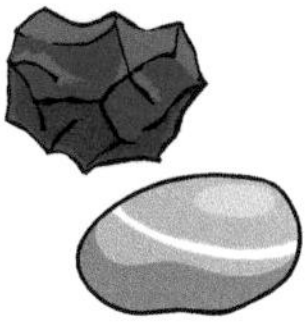

粗糙/光滑
គ្រើម / រលោង

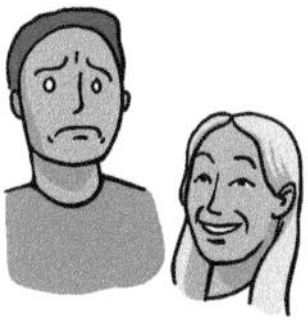

傷心/高興
ហាកចិត្ត / សប្បាយចិត្ត

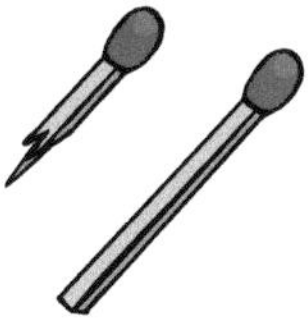

短/長
ខ្លី / វែង

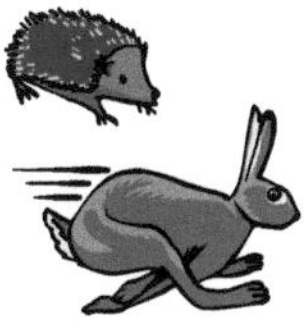

慢/快
យឺត / លឿន

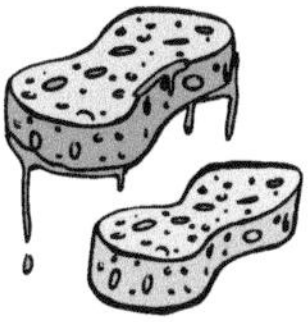

濕/乾
សើម / ស្ងួត

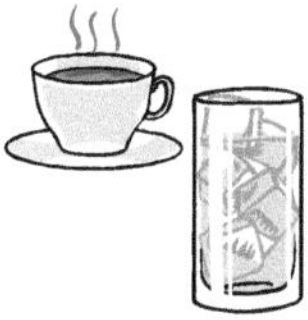

溫暖/涼爽
ក្តៅ / ត្រជាក់

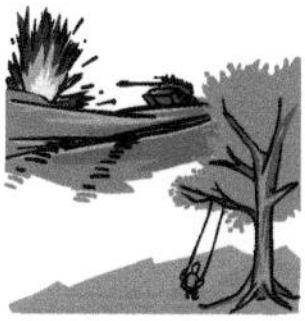

戰爭/和平
សង្គ្រាម / សន្តិភាព

0	1	2
零	一	二
សូន្យ	មួយ	ពីរ

3	4	5
三	四	五
បី	បួន	ប្រាំ

6	7	8
六	七	八
ប្រាំមួយ	ប្រាំពីរ	ប្រាំបី

9	10	11
九	十	十一
ប្រាំបួន	ដប់	ដប់មួយ

12
十二
ដប់ពីរ

13
十三
ដប់បី

14
十四
ដប់បួន

15
十五
ដប់ប្រាំ

16
十六
ដប់ប្រាំមួយ

17
十七
ដប់ប្រាំពីរ

18
十八
ដប់ប្រាំបី

19
十九
ដប់ប្រាំបួន

20
二十
ម្ភៃ

100
百
រយ

1.000
千
ពាន់

1.000.000
百萬
លាន

英語
អង់គ្លេស

美式英語
អង់គ្លេសអាមេរិក

普通話
ចិនកុកងឺ

印地語
ហិណ្ឌូ

西班牙語
អេស្បាញ

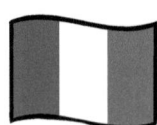

法語
ហ្វ្រាំង

阿拉伯語
អារ៉ាប់

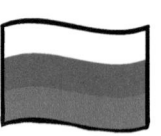

俄語
រុស្ស៊ី

葡萄牙語
ព័រទុយហ្គាល់

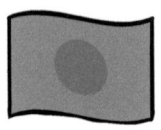

孟加拉語
បង់គ្លាដេស

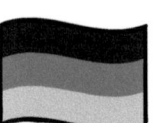

德語
អាល្លឺម៉ង់

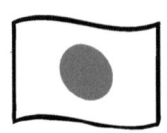

日語
ជប៉ុន

我
ខ្ញុំ

你
អ្នក

他/她/它
គាត់ / នាង / វា

我們
យើង

你們
អ្នក

他們
ពួកគេហេន

誰？
នរណា?

什麼？
អ្វី?

如何？
របៀបណា?

何處？
កន្លែងណា?

何時？
ពេលណា?

名字
ឈ្មោះ

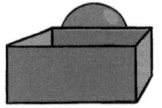

後面

ព័ក្រោយ

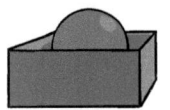

裡面

ក្នុង

前面

ព័មុខ

上方

ព័លើ

上面

នៅលើ

下麵

នៅក្រោម

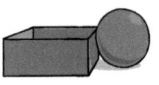

旁邊

នៅក្បែរ

中間

រវាង

地點

កន្លែង